AF228635

Las CATORCE ESTACIONES del

CAMINO DE LA CRUZ

(El Via Crucis)

con

LAS MEDITACIONES

POR SAN ALFONSO LIGORIO

Arregladas para rezarse en congregación

CON EL VIA CRUCIS BIBLICO

CATHOLIC BOOK PUBLISHING CORP.
NUEVA JERSEY

(El Via Crucis)

Arrodíllate ante el altar, haz un Acto de Contrición, y forma la intención de ganar las indulgencias bien para ti, o para las almas en el Purgatorio.

Después dí:

SEÑOR mío Jesucristo, Vos anduvisteis con tan grande amor este camino para morir por mí, y yo os he ofendido tantas veces apartándome de Vos por el pecado; mas ahora os amo con todo mi corazón, y porque os amo, me arrepiento sinceramente de todas las ofensas que os he hecho. Perdonadme, Señor, y permitidme que os acompañe en este viaje. Vais a morir por mi amor, pues yo también quiero vivir y morir por el vuestro, amado Redentor mío. Si, Jesús mío, quiero vivir siempre y morir unido a Vos.

1. JESUS SENTENCIADO A MUERTE

Considera cómo Jesús, después de haber sido azotado y coronado de espinas, fué injustamente sentenciado por Pilato a morir crucificado.

ADORADO Jesús mío: mis pecados fueron más bien que Pilato, los que os sentenciaron a muerte. Por los méritos de este doloroso paso, os suplico me asistáis en el camino que va recorriendo mi alma para la eternidad. Os amo, ¡oh Jesús mío! más que a mí mismo, y me arrepiento de todo corazón de haberos ofendido; no permitáis que vuelva a separarme de Vos otra vez; haced que os ame siempre y disponed de mí como os agrade. Amén.

(Aqui se reza un Padrenuestro, un Avemaría y un Gloria.)

Amado Jesús mío
Por mí vas a la muerte
Quiero seguir tu suerte
Muriendo por tu amor
Perdón y gracia imploro,
Transido de dolor.

—Después de cada Estación se dice la estrofa anterior.

2. JESUS CARGADO CON LA CRUZ

S. Adorámoste, Cristo, y bendecímoste.
G. Porque con tu Santa Cruz redimiste al mundo.

Considera cómo Jesús, andando este camino con la cruz a cuestas, iba pensando en ti y ofreciendo a su Padre por tu salvación la muerte que iba a padecer.

AMABILISIMO Jesús mío: abrazo todas las tribulaciones que me tenéis destinadas hasta la muerte, y os ruego, por los méritos de la pena que sufristeis llevando vuestra Cruz, me deis fuerza para llevar la mía con perfecta paciencia y resignación. Os amo, ¡oh Jesús, amor mío!, más que a mí mismo, y me arrepiento de todo corazón de haberos ofendido; no permitáis que vuelva a separarme de Vos otra vez; haced que os ame siempre y dispone de mí como os agrade. Amén.

—Padrenuestro, Avemaría y Gloria.
—Amado Jesús mío, etc.

3. JESUS CAE LA PRIMERA VEZ CON LA CRUZ

Considera esta primera caída de Jesús debajo de la Cruz. Sus carnes estaban despedazadas por los azotes; su cabeza coronada de espinas, y había ya derramado mucha sangre, por lo cual estaba tan débil, que apenas podía caminar; llevaba al mismo tiempo aquel enorme peso sobre sus hombros y los soldados le empujaban; de modo que muchas veces desfalleció y cayó en este camino.

AMADO Jesús mío: más que el peso de la Cruz son mis pecados los que os hacen sufrir tantas penas. Por los méritos de esta primera caída, libradme de incurrir en pecado mortal. Os amo, ¡oh Jesús, amor mío!, más que a mí mismo, y me arrepiento de todo corazón de haberos ofendido; no permitáis que vuelva a separarme de Vos otra vez; haced que os ame siempre y disponed de mí como os agrade. Amén.

—Padrenuestro, Avemaría y Gloria.
—Amado Jesús mío, etc.

4. JESUS ENCUENTRA A SU AFLIGIDA MADRE

Considera el encuentro del Hijo con su Madre en este camino. Se miraron mutuamente Jesús y María, y sus miradas fueron otras tantas flechas que traspasaron sus amantes corazones.

AMANTISIMO Jesús mío: por la pena que experimentasteis en este encuentro, concededme la gracia de ser verdadero devoto de vuestra Santísima Madre. Y Vos, mi afligida Reina, que fuisteis abrumada de dolor, alcanzadme con vuestra intercesión una continua y amorosa memoria de la Pasión de vuestro Hijo. Os amo, ¡Oh Jesús, amor mío!, más que a mí mismo, y me arrepiento de todo corazón de haberos ofendido; no permitáis que vuelva a separarme de Vos otra vez; haced que os ame siempre y disponed de mí como os agrade. Amén.

—*Padrenuestro, Avemaría y Gloria.*
—*Amado Jesús mío, etc.*

5. SIMON AYUDA A JESUS A LLEVAR LA CRUZ

Considera cómo los judíos, al ver que Jesús iba desfalleciendo cada vez más, temieron que se les muriese en el camino y, como deseaban verle morir de la muerte infame de Cruz, obligaron a Simón el Cirineo a que le ayudase a llevar aquel pesado madero.

DULCISIMO Jesús mío: no quiero rehusar la Cruz, como lo hizo el Cirineo, antes bien la acepto y la abrazo; acepto en particular la muerte que tengáis destinada para mí con todas las penas que la han de acompañar, la uno a la vuestra, y os la ofrezco. Vos habéis querido morir por mi amor, yo quiero morir por el vuestro y por daros gusto; ayudadme con vuestra gracia. Os amo, ¡oh Jesús, amor mío! más que a mí mismo, y me arrepiento de todo corazón de haberos ofendido; no permitáis que vuelva a separarme de Vos otra vez; haced que os ame siempre y disponed de mí como os agrade. Amén.

—Padrenuestro, Avemaría y Gloria.
—Amado Jesús mío, etc.

6. LA VERONICA LIMPIA EL ROSTRO DE JESUS

Considera cómo la devota mujer Verónica, al ver a Jesús tan fatigado y con el rostro bañado en sudor y sangre, le ofreció un lienzo, y limpiándose con él, nuestro Señor quedó impreso en éste su santa imagen.

AMADO Jesús mío: en otro tiempo vuestro rostro era hermosísimo; mas en este doloroso viaje, las heridas y la sangre han cambiado en fealdad su hermosura. ¡Ah Señor mío, también mi alma quedó hermosa a vuestros ojos cuando recibí la gracia del bautismo, mas yo la he desfigurado después con mis pecados. Vos sólo, ¡oh Redentor mío!, podéis restituirle su belleza pasada: hacedlo por los méritos de vuestra Pasión. Os amo, ¡oh Jesús, amor mío!, más que a mí mismo y me arrepiento de todo corazón de haberos ofendido; no permitáis que vuelva a separarme de Vos otra vez; haced que os ame siempre y disponed de mí como os agrade. Amén.

—Padrenuestro, Avemaría y Gloria.
—Amado Jesús mío, etc.

7. JESUS CAE LA SEGUNDA VEZ CON LA CRUZ

Considera la segunda caída de Jesús debajo de la Cruz, en la cual se le renueva el dolor de las heridas de su cabeza y de todo su cuerpo al afligido Señor.

OH pacientísimo Jesús mío: Vos tantas veces me habéis perdonado, y yo he vuelto a caer y a ofenderos. Ayudadme, por los méritos de esta nueva caída, a perseverar en vuestra gracia hasta la muerte. Haced que en todas las tentaciones que me asalten, siempre y prontamente me encomiende a Vos. Os amo, ¡oh Jesús, amor mío! más que a mí mismo, y me arrepiento de todo corazón de haberos ofendido; no permitáis que vuelva a separarme de Vos otra vez; haced que os ame siempre y disponed de mí como os agrade. Amén.

—Padrenuestro, Avemaría y Gloria.
—Amado Jesús mío, etc.

8. LAS MUJERES DE JERUSALEN LLORAN POR JESUS

S. Adorámoste, Cristo, y bendecímoste.

G. Porque con tu Santa Cruz redimiste al mundo.

Considera cómo algunas piadosas mujeres, viendo a Jesús en tan lastimoso estado, que iba derramando sangre por el camino, lloraban de compasión; mas Jesús les dijo: No lloréis por mí, sino por vosotras mismas y por vuestros hijos.

AFLIGIDO Jesús mío: lloro las ofensas que os he hecho, por los castigos que me han merecido, pero mucho más por el disgusto que os he dado a Vos, que tan ardientemente me habéis amado. No es tanto el Infierno, como vuestro amor, el que me hace llorar mis pecados. Os amo, ¡oh Jesús, amor mío!, más que a mí mismo, y me arrepiento de todo corazón de haberos ofendido; no permitáis que vuelva a separarme de Vos otra vez; haced que os ame siempre y disponed de mí como os agrade. Amén.

—Padrenuestro, Avemaría y Gloria.
—Amado Jesús mío, etc.

9. JESUS CAE LA TERCERA VEZ CON LA CRUZ

S. Adorámoste, Cristo, y bendecímoste.
G. Porque con tu Santa Cruz redimiste al mundo.

Considera la tercera caída de Jesucristo. Extremada era su debilidad y excesiva la crueldad de los verdugos, que querían hacerle apresurar el paso, cuando apenas le quedaba aliento para moverse.

ATORMENTADO Jesús mío: por los méritos de la debilidad que quisisteis padecer en vuestro camino al Calvario, dadme la fortaleza necesaria para vencer los respetos humanos y todos mis desordenados y perversos apetitos, que me han hecho despreciar vuestra amistad. Os amo, ¡oh Jesús, amor mío!, más que a mí mismo, y me arrepiento de todo corazón de haberos ofendido; no permitáis que vuelva a separarme de Vos otra vez; haced que os ame siempre y disponed de mí como os agrade. Amén.

—Padrenuestro, Avemaría y Gloria.
—Amado Jesús mío, etc.

10. JESUS ES DESPOJADO DE SUS VESTIDURAS

Considera cómo al ser despojado Jesús de sus vestiduras por los verdugos, estando la túnica interior pegada a las carnes desolladas por los azotes, le arrancaron también con ella la piel de su sagrado cuerpo. Compadece a tu Señor y díle:

INOCENTE Jesús mío: por los méritos del dolor que entonces sufristeis, ayudadme a desnudarme de todos los afectos a las cosas terrenas, para que pueda yo poner todo mi amor en Vos, que tan digno sois de ser amado. Os amo, ¡oh Jesús, amor mío!, más que a mí mismo, y me arrepiento de todo corazón de haberos ofendido; no permitáis que vuelva a separarme de Vos otra vez; haced que os ame siempre y disponed de mí como os agrade. Amén.

—*Padrenuestro, Avemaría y Gloria.*
—*Amado Jesús mío, etc.*

11. JESUS ES CLAVADO EN LA CRUZ

Considera cómo Jesús, tendido sobre la Cruz, alarga sus pies y manos y ofrece al Eterno Padre el sacrificio de su vida por nuestra salvación; le enclavan aquellos bárbaros verdugos y después levantan la Cruz en alto, dejándole morir de dolor sobre aquel patíbulo infame.

OH despreciado Jesús mío: clavad mi corazón a vuestros pies para que quede siempre ahí amándoos y no os deje más. Os amo, ¡oh Jesús mío!, más que a mí mismo, y me arrepiento de todo corazón de haberos ofendido: no permitáis que vuelva a separarme de Vos otra vez: haced que os ame siempre y disponed de mí como os agrade. Amén.

—Padrenuestro, Avemaría y Gloria.
—Amado Jesús mío, etc.

12. JESÚS MUERE EN LA CRUZ

S. Adorámoste, Cristo, y bendecímoste.

G. Porque con tu Santa Cruz redimiste al mundo.

Considera cómo Jesús, después de tres horas de agonía consumido de dolores y exhausto de fuerzas su cuerpo, inclina la cabeza y expira en la Cruz.

OH difunto Jesús mío: beso enternecido esa Cruz en que por mí habéis muerto. Yo, por mis pecados, tenía merecida una mala muerte, mas la vuestra es mi esperanza. Ea, pues, Señor, por los méritos de vuestra santísima muerte, concededme la gracia de morir abrazado a vuestros pies y consumido por vuestro amor. En vuestras manos encomiendo mi alma. Os amo, ¡oh Jesús, amor mío!, más que a mí mismo, y me arrepiento de todo corazón de haberos ofendido; no permitáis que vuelva a separarme de Vos otra vez; haced que os ame siempre y dispone de mí como os agrade. Amén.

—Padrenuestro, Avemaría y Gloria.
—Amado Jesús mío, etc.

13. JESUS ES BAJADO DE LA CRUZ

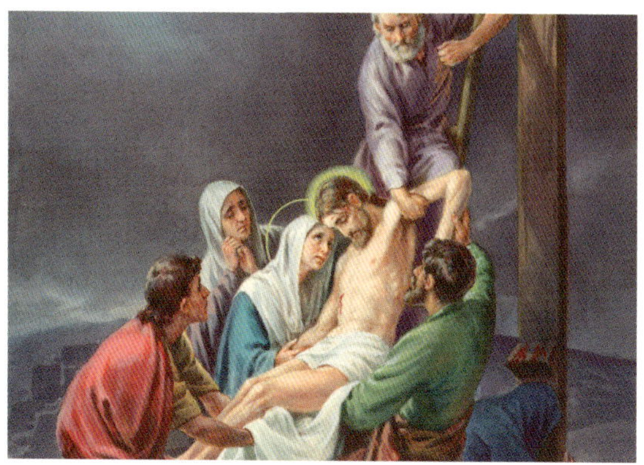

S. Adorámoste, Cristo, y bendecímoste.
G. Porque con tu Santa Cruz redimiste al mundo.

Considera cómo, habiendo expirado ya el Señor, le bajaron de la Cruz dos de sus discípulos, José y Nicodemus, y le depositaron en los brazos de su afligida Madre María, que le recibió con ternura y le estrechó contra su pecho traspasado de dolor.

OH Madre afligida: por el amor de este Hijo, admitidme por vuestro siervo y rogadle por mí. Y Vos, Redentor mío, ya que habéis querido morir por mí, recibidme en el número de los que os aman más de veras, pues yo no quiero amar nada fuera de Vos. Os amo, ¡oh Jesús, amor mío!, más que a mí mismo, me arrepiento de todo corazón de haberos ofendido; no permitáis que vuelva a separarme de Vos otra vez; haced que os ame siempre y disponed de mí como os agrade. Amén.

—Padrenuestro, Avemaría y Gloria.
—Amado Jesús mío, etc.

14. JESUS ES COLOCADO EN EL SEPULCRO

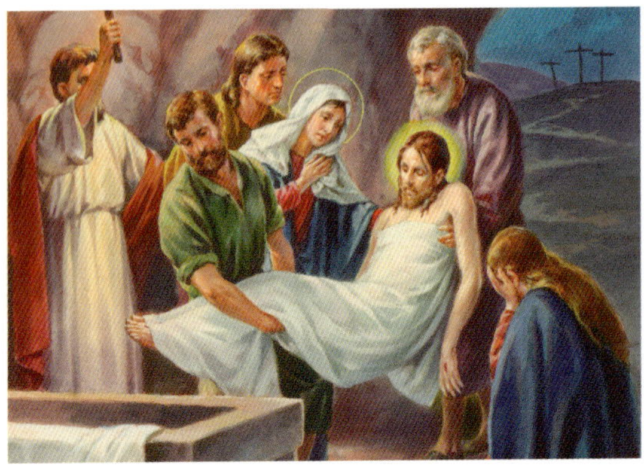

Considera cómo los discípulos llevaron a enterrar a Jesús, acompañándole también su Santísima Madre, que le depositó en el sepulcro con sus propias manos. Después cerraron la puerta del sepulcro y se retiraron.

OH Jesús mío sepultado: beso esa losa que os encierra. Vos resucitasteis después de tres días; por vuestra resurrección os pido y os suplico me hagáis resucitar glorioso en el día del juicio final para estar eternamente con Vos en la Gloria, amándoos y bendiciéndoos. Os amo, ¡oh Jesús, amor mío!, más que a mí mismo, me arrepiento de todo corazón de haberos ofendido; no permitáis que vuelva a separarme de Vos otra vez; haced que os ame siempre y disponed de mí como os agrade. Amén.

—Padrenuestro, Avemaría y Gloria.
—Amado Jesús mío, etc.

Despues volviendo al altar mayor, se rezan cinco Padrenuestros, cinco Avemarías y cinco Gloria Patris por las cinco llagas de Jesucristo, y otro Padrenuestro, etc., por la intención del Santo Padre, para poder ganar todas las otras indulgencias concedidas a esta devoción.

ORACION A JESUS CRUCIFICADO

VEDME aquí ¡oh mi amado y dulcísimo Jesús!, que postrado en vuestra santísima presencia, os ruego con el más ardiente fervor que imprimáis en mi corazón sentimientos de fe, esperanza y caridad, de dolor de mis pecados, y de propósito de nunca más ofenderos, entre tanto que yo, lleno de amor y compasión, voy considerando vuestras cinco llagas, comenzando con aquellas palabras que de Vos dijo, ¡oh Dios mío!, el santo profeta David:

"Taladraron mis manos y mis pies y se pueden contar todos mis huesos".

Los fieles quienes, después de recibir la Comunión, reciten esta oración ante una imagen de Jesús Crucificado pueden ganar una indulgencia plenaria en cualquier Viernes de Cuaresma y una indulgencia parcial en los demás días del año, añadiendo las oraciones, por la intención del Santo Padre. (No. 22.)

EL VIA CRUCIS BIBLICO

El Vía Crucis es una devoción en que meditamos sobre la Pasión y Muerte de Cristo para poner su sentido en nuestras vidas. Esta Pasión y Muerte son "revelaciones" del amor de Dios el Padre para todos los pueblos y del amor de Cristo para Dios el Padre y todos los pueblos. La devoción del Camino de la Cruz debe conducirnos a hacer en nuestras vidas lo que Jesús hizo—debemos dar nuestra vida en el servicio de los otros.

ORACION DE COMIENZO

PADRE celestial,
   haz que nosotros que meditemos
sobre la Pasión y Muerte
de Tu Hijo único, Jesucristo,
podamos imitar en nuestras vidas
Su amor y ofrenda de Sí Mismo a Ti y a los
      otros.
Por el mismo Cristo nuestro Señor. Amén.

1. JESUS ES CONDENADO A MUERTE

TANTO amó Dios al mundo,
   que le dio a Su único Hijo . . .
para salvar al mundo
por medio de Él (Jn 3:16-17).

Cuando era maltratado,
Él Se sometía, y no abría Su boca;
como cordero llevado al matadero,
como oveja ante los esquiladores,
enmudecía y no abría Su boca (Is 53:7).

Nadie tiene amor más grande que éste:
que uno dé la vida por sus amigos (Jn 15:13).

Oremos.
Padre celestial,
en la carne de Tu Hijo
Tú condenaste el pecado.
Concédenos el don de la vida eterna.
Por el mismo Cristo nuestro Señor. Amén.

2. JESUS ES CARGADO CON LA CRUZ

CIERTAMENTE tomó sobre Sí nuestras enfermedades
y cargó con nuestros dolores (Is 53:4).

Si alguno quiere venir en pos de Mí,
niéguese a sí mismo,
tome cada día su cruz y sígame (Lc 9:23).

Tomen sobre ustedes Mi yugo
y aprendan de Mí. . . .
Porque Mi yugo es fácil
y Mi carga ligera (Mt 11:29-30).

Oremos.
Padre celestial,
Tu Hijo Jesús Se humilló
y Se hizo obediente hasta la muerte.
Enséñanos a gloriar sobre todo en la Cruz,
en que es nuestra salvación.
Por el mismo Cristo nuestro Señor. Amén.

3. JESUS CAE LA PRIMERA VEZ

ME quiebra los dentes con piedras,
y Me revuelca en el polvo.
La paz se ha alejado de Mí,
y ya no sé lo que es la felicidad (Lam 3:16-17).

El Señor cargó sobre Él
la iniquidad de todos nosotros (Is 53:6).

He aquí el Cordero de Dios,
Que quita el pecado del mundo (Jn 1:29).

Oremos.
Padre celestial,
ayúdanos a permanecer irreprochable en Tu vista,
para que ofrezcamos nuestro cuerpo a Ti
como una santa y viva ofrenda.
Por Cristo nuestro Señor. Amén.

4. JESUS ENCUENTRA A SU MADRE

¿NO sabían que tenía que estar en la casa
de Mi Padre? (Lc 2:49).

¡Ustedes, los que pasan por el camino,
miren y vean si hay dolor
semejante al dolor que Me atormenta! (Lam 1:12).

Así también, ustedes tienen tristeza ahora;
pero Yo volveré a verlos y se alegrarán,
y nadie les quitará su alegría (Jn 16:22).

Oremos.
Padre celestial,
acepta los dolores de la Santa Virgen María,
Madre de Tu Hijo.
Que ellos obtengan de Tu misericordia
todo lo bueno para nuestra salvación.
Por el mismo Cristo nuestro Señor. Amén.

5. JESUS ES AYUDADO POR SIMON

TODO que hicieron por uno de
los más pequeños
de estos hermanos Míos
lo hicieron por Mí (Mt 25:40).

Ayúdense mutuamente a llevar las cargas,
y de este manera cumplirán la ley de Cristo (Gál
6:2).

Ningún siervo puede ser mayor de su señor (Jn
13:16).

Oremos.
Padre celestial,
Tú nos has amado primero,
y Tú enviaste Tu Hijo para expiar nuestros peca-
dos.
Haz que nos amemos unos a otros
y nos llevemos las cargas de cada uno.
Por el mismo Cristo nuestro Señor. Amén.

6. VERONICA LIMPIA EL ROSTRO DE JESUS

Tan desfigurado estaba Su rostro
que no parecía ser de hombre (Is 52:14).

Él que Me ha visto a Mí
ha visto al Padre (Jn 14:9).

El Hijo es el resplandor de la gloria de Dios
y la representación exacta de Su ser (Heb 1:3).

Oremos.
Padre celestial,
concede que podamos reflejar la gloria de Tu Hijo
y ser transformado en Su imagen
para que podamos ser configurado en Él.
Por el mismo Cristo nuestro Señor. Amén.

7. JESUS CAE LA SEGUNDA VEZ

Fui fuertemente empujado para que cayera,
pero fue el Señor mi auxilio (Sal 118:13).

No tenemos un sumo sacerdote incapaz
de compadecerse de nuestras flaquezas,
sino uno que ha pasado por toda clase de tentaciones,
así como nosotros, pero sin pecado (Heb 4:15).

Vengan a Mí
todos ustedes que están cansados y agobiados,
y Yo los haré descansar (Mt 11:28).

Oremos.
Dios nuestro Padre,
ayúdanos a caminar en los pasos de Jesús
Que sufrió por nosotros
y nos redimió no con el oro y la plata
mas con el precio de Su Sangre preciosa.
Por el mismo Cristo nuestro Señor. Amén.

8. JESUS HABLA A LAS MUJERES

MUJERES de Jerusalén,
no lloren por Mí;
lloren más bien por ustedes
y por sus hijos (Lc 23:28).

Él que no permancece en Mí es echado fuera,
como el sarmiento, y se seca (Jn 15:6).

Si ustedes no se convierten,
también perecerán
[como ciertos Galileos que habían perecido] (Lc
13:3).

Oremos.
Padre celestial,
Tú deseas mostrar la misercordia antes que la
ira
hacia todos los que esperán en Ti.

Haz que lloremos por nuestros pecados
y meritemos la gracia de Tu gloria.
Por Cristo nuestro Señor. Amén.

9. JESUS CAE LA TERCERA VEZ

ESTOY como agua derramada,
y todos Mis huesos están dislocados.
Mi corazon es como cera
que se derrite dentre de Mis entrañas.
Seco está como un tejón Mi paladar,
y Mi lengua está pegada a las fauces;
Tú Me has echado al polvo de la muerte (Sal 22:15-16).

Tengan los mismos sentimientos que tuvo Cristo Jesús,
Quien se anonadó,
tomando la forma de siervo (Fil 2:5-7).

Él que se ensalza será humillado,
y el que se humilla será ensalzaldo (Lc 14:11).

Oremos.
Dios nuestro Padre,
mira con piedad a nosotros
oprimido por el peso de nuestros pecados
y danos Tu perdón.
Ayúdanos a servirte con todo nuestro corazón.
Por Cristo nuestro Señor. Amén.

10. JESUS ES DESPOJADO DE SUS VESTIDURAS

SE han repartido Mis vestidos
y echan suertes sobre Mi túnica (Sal 22:19).

Cualquiera de ustedes que no renuncie a todos sus bienes
no puede ser Mi discípulo (Lc 14:33).

Revístanse ustedes del Señor Jesucristo,
y no busqen satisfacer los malos deseos
de la naturaleza humana (Rom 13:14).

Oremos.
Padre celestial,
no permite nada a privarnos de Tu amor—
ni pruebas ni angustia ni persecución.
Que nosotros llegemos a ser
el trigo de Cristo y un pan puro.
Por el mismo Cristo nuestro Señor. Amén.

11. JESUS ES CLAVADO EN LA CRUZ

HAN taladrado Mis manos y Mis pies;
puedo contar todos Mis huesos (Sal 22:17-18).

Padre, perdónalos,
porque no saben lo que hacen (Lc 23:34).

Yo he bajado del cielo
no para hacer Mi voluntad,
sino la voluntad del Que Me envió (Jn 6:38).

Oremos.
Padre celestial,
Tu Hijo nos ha reconciliado contigo
y con uno a otro.
Ayúdanos a abrazar Su ofrenda de gracia
y permanecer unidos contigo.
Por el mismo Cristo nuestro Señor. Amén.

12. JESUS MUERE EN LA CRUZ

Y YO una vez que haya sido elevado sobre la tierra, atraeré a todos hacia Mí (Jn 12:32).

Padre, en Tus manos entrego Mi espíritu (Lc 23:46).

Se humilló a Sí Mismo
haciéndose obediente hasta la muerte,
y una muerte de cruz.
Por eso Dios Lo exaltó (Fil 2:8-9).

Oremos.
Dios nuestro Padre,
por Su Muerte Tu Hijo ha vencido la muerte,
y por Su Resurrección nos ha dado la vida.
Ayúdanos a adorar Su Muerte y abrazar Su vida.
Por el mismo Cristo nuestro Señor. Amén.

13. JESUS ES BAJADO DE LA CRUZ

ESTABA escrito que el Mesías tenía que morir y resucitar de entre los muertos al tercer día (Lc 24:26).

Mucha paz tienen los que aman Tu Ley (Sal 119:165).

La caridad de Dios hacia nosotros se manifestó en que Dios envió al mundo a Su Hijo único, víctima expiatoria de nuestros pecados (1 Jn 4:5-10).

Oremos.
Dios nuestro Padre,
haz que nosotros seamos asociados
a la Muerte de Cristo
para que avancemos hacia la Resurrección
con grande esperanza.
Por el mismo Cristo nuestro Señor. Amén.

14. JESUS ES COLOCADO EN EL SEPULCRO

SI el grano de trigo no cae en la tierra y muere,
quedará solo;
pero si muere, llevará mucho fruto (Jn 12:24).

Muriendo, Cristo murió al pecado una vez para siempre;
pero viviendo, vive para Dios.

Así, pues, hacen cuenta
de que estén muertos al pecado,
pero vivos para Dios en Cristo Jesús (Rom 6:10-
    11).

Cristo . . . resucitó al tercer día según las
    Escrituras (1 Cor 15:3-4).

Oremos.
Padre celestial,
Tú resucitaste Jesús de los muertos
por Tu Espíritu Santo.
Da la vida a nuestros cuerpos mortales
por el mismo Espíritu Que permanece en nos.
Por el mismo Cristo nuestro Señor. Amén.

ORACION CONCLUSIVO

PADRE celestial,
   Tú entregaste Tu Hijo a la Muerte de la
    Cruz
para salvarnos del mal.
Danos la gracia de la Resurrección.
Por el mismo Cristo nuestro Señor. Amén.

ORACION POR LA GRACIA
DE LA PASION

OH Señor,
   para la redención del mundo,
Tú has querido ser
nacido entre los seres humanos,

sujeto al rito de la circuncisión,
calumniado por los pueblos,
entregado con un beso por el traidor Judas,
atado con cadenas,
llevado al suplicio como cordero inocente,
y presentado ignominiosamente delante
        de Anás, Caifás, Pilato y Herodes,
acusado por falsos testigos,
afrentado con azotes y oprobios,
afeado con saliva,
herido de bofetadas,
golpeado con la caña,
cubierto el rostro y clavado en Cruz,
alzado en ella,
puesto entre ladrones,
dado a beber hiel y vinagre,
y herido con la lanza.

Oh Señor,
por estas santísimas penas,
de las cuales nosotros, Tus indignos siervos,
devotamente hagamos memoria,
y por Tu santa Cruz y Muerte
líbranos de las penas del infierno
y dígnate llevarnos
a donde llevaste al ladrón crucificado contigo.
Tú Que vives y reinas con el Padre
en la unidad del Espíritu Santo
y eres Dios por los siglos de los siglos.
Amén.

NUEVOS LIBROS CATOLICOS

LIBRO DE LOS SANTOS—Las vidas de los Santos ilustradas a todo color para jóvenes y adultos. Este magnífico libro representa las vidas de más de 100 Santos en palabra y imagen.
No. 236/S

BIBLIA ILUSTRADA PARA NIÑOS—Por el Rev. Jude Winkler, OFM Conv. Historias bíblicas para niños ilustrado a todo color. An ideal introduction to the magnificent stories of the Bible. Tipo grande.
No. 636/22S

TESORO DE ORACIONES—Por el Rev. Lorenzo Lovasik, S.V.D. Unas cuarenta Novenas populares, esmeradaménte preparadas para uso privado dentre del marco litúrgico y Fiestas del Señor, de María y de algunos Santos. Ilustrado en color.
No. 346/S

LA BIBLIA ILUSTRADA—Historias bíblicas para toda la familia. Tipo grande, ilustraciones a todo color.
No. 436/22S

LIBRO CATOLICO DE ORACIONES—Por el Rev. M. Fitzgerald. Tipo grande. Contiene oraciones Católicas favoritas: para todos los días; para la Misa; a la Sma. Trinidad; a María; y los Santos. Ilustrado en colores.
No. 438/S

HISTORIA BIBLICA CONDENSADA—Un excelente resumen de la Historia Bíblica desde la Creación hasta la vida, muerte, y resurrección de nuestro Señor y el nacimiento de la Iglesia. Tipo grande. Ilustrado.
No. 771/S

EL NIÑO JESUS DE PRAGA—Por el Rev. L. Nemec. Este hermoso libro contiene una condensada historia de la devoción al Niño Jesús y una multitud de oraciones para todas ocasiones y para varias estatuas de vida. Ilustrado.
No. 439/S

catholicbookpublishing.com

No. 16/S
ISBN 978-0-89942-016-5